만들기를 좋아하는 김지한

| 일러두기 |

1.
이 <이제그반 글쓰기 모음집> 전집은 2024년 강릉 운산초등학교 2학년 이제그반 학생 9명이 1년 동안 한 '삶을 가꾸는 글쓰기' 활동을 9권의 책으로 묶은 것이다.

2.
이 책의 모든 내용과 표현은 담임 교사 김기수가 '공동체로서의 민주 시민 교육'의 일환으로 한 교실 운영 방침에서 비롯되었다. 아이들이 담아낸 학교에서의 삶의 글을 오탈자만 수정해 그대로 수록했다.

2024년 운산초등학교 2학년 이제그반

김지한 글쓰기 모음집

만들기를 좋아하는 김지한

김지한

여는 글

　아홉 살 아홉 명의 아이들, 운산초등학교 2학년 이제그반 아이들이 함께 쓴 글은 모두 1,228편이다. 1편 〈어이없는 김도훈〉부터 9편 〈몽실이와 구하라〉까지 모두 읽으면 1,228편의 글을 읽는다. 원고를 찾지 못해 책에 담지 못한 글들도 있다. 이를 더하면 약 1,300편의 글을 썼다.

　한 사람당 약 144편의 글을 썼다. 1년 동안 학교에 간 날이 190일이니 매일 글쓰기를 했다고 봐도 무리가 없다. 와, 이제그반 아이들은 정말 어마어마한 일을 했다.

　"선생님, 도대체 아이들에게 무슨 짓을 한 건가요?"

　이제그반 아이들이 쓴 1,228편의 글로 책을 내겠다고 말하니 출판사 사장님이 말했다.

　내가 아이들에게 무슨 짓을 했나, 너무나 가혹한 일을 한 건 아닌가 생각했다. 출판사 사장님 말씀 때문에 아이들에게 미안한 마음이 들었다. 하지만 겨울방학 동안 아이들이 쓴 글을 읽으며 미안함이 싹 사라졌다. 미안함이 사라진 자리에 우리가 함께한 추억이 커다랗게 채워졌다. 사람은 시간이 흐르면 잊는다. 하지만 글로 남아있으면, 글을 읽고 언제든 그때 그 순간으로 돌아갈 수 있다. 함께 한 사람들을 추억할 수 있다. 나에게는 1,228편의 글이 그런 글이었다.

　나는 확신한다. 언젠가 이제그반 아이들이 나에게 매일 글쓰기를 시켜줘서 고맙다고, 이를 모아 책으로 내줘서 고맙다고 연락해 줄 거라고 확신한다. 삶의 기쁜 순간이나 힘든 순간에 책을 꺼내 읽어 '우리 그때 참 신나게 살았노라고' 위로받고 응원받을 거라고 확신한다. 무엇보다 삶의 순간순간마다 글을 쓸 거라고 확신한다. 삶을 글로 채우고, 그 글들로 자신을 채우며 살아가길 바란다.

　내 교직 인생에서 이제그반 아이들은 가장 많은 글을 쓴 아이들이 될 테다. 지금까지 이제그반 아홉 아이들만큼 글을 쓴 아이들이 없었고 앞으로도 없을 테다. 수많은 글을 읽으며 2024년의 선생 김기수를 추억할 수 있어 행복했다. 그 행복함 덕분에 나는 다시 아이들을 만나 행복하게 지낼 수 있을 테다.

　행복한 선물을 전해준 이제그반 아이들 덕분이다. 고맙다.
　이 아홉 권의 책이 너희들에게도 행복한 선물이 되면 좋겠다.

2025년 2월 3일 오전 12시 11분
2024년 운산초 2학년 이제그반 김기수 씀

목차

여는 글 … 4

작가 소개 … 9

1. 주제 낱말로 시를 쓰고 … 10

- 손	- 눈	- 찾다
- 발	- 비	- 모으다
- 눈	- 빛	- 만들다
- 몸	- 가다	- 묶다
- 밥	- 오다	- 놀다
- 국	- 서다	- 담다
- 맛	- 걷다	- 찢다
- 물	- 먹다	- 검다
- 벽	- 보다	- 크다
- 집	- 듣다	- 길다
- 옷	- 밀다	- 같다
- 실	- 주다	- 맑다
- 신	- 씹다	- 달다
- 줄	- 웃다	- 춥다
- 길	- 파다	- 늦다
- 해	- 자다	

2. 글똥누기를 모아모아 책을 만들다. … 61

- 새 학기 떡 돌리기
- 양보란 무엇일까?
- 1학년 때 우리반은?
- 2학년 때 우리반은?
- 산책
- 동아리 시작
- 비밀기지
- 지한이의 감자 샌드위치
- 안은영 작가와의 만남
- 파충류 카페
- 벽화 그리기
- 가난이란 무엇일까?
- 단오장
- <아홉 살 인생> 끝
- 영화 <아홉 살 인생>
- 생존수영
- 여름방학의 일
- 갑자기 시험
- <굴러가는 태웅이> 촬영 하루 전
- <굴러가는 태웅이> 촬영
- 첫 영상수업
- 송편 빚기
- 내가 찍은 영상 보기
- 추석
- 사라진 오골계
- <모두의 한 걸음> 전시회
- 벼 베기
- 운산100 시작
- 운동장 길이 재기
- 아홉 살 기수
- 복사꽃 마을
- 자전거 타기(1)
- 나는 우리나라가
- 자전거 타기(2)
- 울진 해양과학관
- 자전거 타기(3)
- 1부터 5
- 6부터 10
- 축구 보기 하루 전

- 축구 본 날
- 쓰레기 대청소
- 학끼오TV
- 한강 작가 책 두 권을 골라 내용 상상하기
- 운산 마라톤
- 친구란 무엇일까?
- 짚신 만들기
- 기수가 사라진다
- 두 번째 짚신 만들기
- 세 번째 짚신 만들기
- 기수 없는 이제그반
- 마지막 영상수업
- 꿈자람 발표회 리허설
- 꿈자람 발표회
- 자전거 타기(4)

- 이안 작가와의 만남
- 지한이의 김밥
- 아이스 스케이트
- 얼음 산책
- 구구단 아니면 구구콘으로 시 쓰기
- 나눔장터
- 마지막 운산100
- 마니또 뽑기
- 크리스마스 이브와 마니또 선물
- 위기철 작가와의 만남
- 자전거 시험
- 이제 열 살, 10대
- 안녕, 이제그반

3. 닫는 글 ⋯ 130
- 글쓰기는 계속된다
- 이제그반 아이들에게 보내는 가족들 글 모음

[특별판] 도롱뇽 일기 ⋯ 138

작가 소개

〈만들기를 좋아하는 김지한〉

나는 만들기를 좋아한다.

만들기는 앉아서도 할 수 있고
일어나서도 할 수 있고
손으로 만들 수도 있다.

잘 만들어도
못 만들어도
만들기는 좋다.

운동신경이 없지만
자전거는 좋다.

1. 주제 낱말로 시를 쓰고

〈지산이〉

지산이랑
놀다가 싸웠다.

지산이한테
맞았다.

아팠다.

손이
진짜 아팠다.

주제: 손

〈식탁〉

밥을 먹다가
엄마 발이
느껴진 것 같은데

아빠 발이었다.

주제: 발

〈눈꺼풀〉

언제 눈꺼풀이 생겼다.
그때 배고팠다.
배고파서 생긴 것 같다.

엄마가 밥을 해줬다.

지산이는 안 생겼다.

좋겠다.

주제: 눈

〈돌아간다〉

빙빙 돌았더니
머리가 돌았다.

너무 뒤뚱뒤뚱했다.

주제: 몸

〈학교 밥〉

학교 밥이 맛있다.

엄마 미안해

학교 밥이 더 맛있어

주제: 밥

〈점심〉

미역국이 나왔다.

밥을 국에다
넣어 먹었다.

맛있었다.

주제: 국

〈배〉

나는 밥이 맛있어서
세 그릇이나 먹는다.

친구들이 우와!
칭찬해 주면

기분이 좋다.

주제: 맛

〈피자 집〉

피자 집에서
물이 맛이 없었다.

레몬이 들어서
맛이 없었다.

물도 레몬도
아까웠다.

주제: 물

〈벽지〉

동생이랑 나랑
계속 벽지를 뜯었다.

엄마는 할머니한테
말해야 한다고 말했다.

지산이가 그쪽에
그림을 그렸다.

이사 가는 날
사진을 찍었다.

지산이가 울었다.

나는 조금 아쉬웠다.

주제: 벽

〈새로운 집〉

이사를 했다.

집이 단단하고 좋다.

모든 게 기대된다.

주제: 집

〈탈의실〉

상현이가 옷을 벗어서
따라 벗었다.

언제는 탈의실에서
옷을 벗었다.

주제: 옷

〈이빨〉

이빨을 뺐다.

처음에는 무서웠다.

한 번 해 보니
괜찮았다.

주제: 실

〈축구신〉

운동장에서
현태랑 나랑 기수랑
같이 축구를 했다.

우리는
축구신을 안 신고
축구를 했다.

주제: 신

〈줄다리기〉

어린이 행복 주간에
줄다리기를 했다.

우리 편이
한 번 이겼다.

다음 차례에
자리를 바꾸니까
안 됐다.

1 대 1이 됐다.

가위바위보를 했다.

졌다.

또 똑같은 자리다.
우리가 졌다.

속상했다.

주제: 줄

〈차〉

여섯 살 때다.

길에서 하늘색 차와
부딪혔다.

몸을 다쳤다.
병원에 갔다.

아팠다.

주제: 길

〈뜨거 차〉

차에 탔는데
너무 뜨거웠다.

그때 해가
너무 뜨거웠다.

24.3도 같았다.

주제: 해

〈눈싸움〉

눈싸움을 했다.

우산을 써서
안 맞았다.

장갑도 꼈다.
그치만 우리가 졌다.

기수는 몰래
우리 사진을 찍었다.

주제: 눈

〈소낙비〉

발리에서
횡단보도를 건너려는데
소낙비가 1시간 와서
너무 오래 기다렸다.

심심했다.

비를 계속 맞았다.

주제: 비

〈별빛이 내린다〉

친구들이
별빛이 내린다
라고 말한다.

너무 지겹다.

주제: 빛

〈숲 체험〉

빨리
집에 가고 싶다.

빨리
숲 체험을
하고 싶기
때문이다.

주제: 가다

〈귀찮아!〉

엄마가 나한테
가라고 했는데

엄마가 다시
오라고 했다.

채소를
들어달라고 했다.

너무 귀찮았다.

주제: 오다

〈깨고 자기〉

오늘 아침에
내가 섰는데
너무 졸려서

다시 누웠다.

주제: 서다

〈따깨비〉

나는 맨날
따개비처럼
상현이 옆에서
계속 걷는다.

상현이가
핸드폰을 하기 때문이다.

상현이가
핸드폰을 안 하면

안 붙는다.

주제: 걷다

〈쌩양파〉

떡볶이를 만들 때
후추랑 파슬리 가루랑
양파, 베이컨을 먹었다.

다 맛있었다.

기수가 언젠가
쌩양파를
먹을 거라고 했는데
아직 안 먹었다.

엄청 신났다.

주제: 먹다

〈게임 좋아〉

상현이한테
따깨비하는 건
게임을 하기 때문이다.

내가 게임을 보면서
하고 싶어 한다.

상현이가
게임을 시켜줘서 했다.

좋고 재밌었다.

주제: 보다

〈급식소〉

급식에서
도훈이가 말했는데
아현이가
안 들린다고 해서
도훈이가 다시
말해 주었다.

하라가 말했는데
아현이가 또
안 들린다고 해서
하라가 다시 말했다.

아현이는
귀가 잘못된 것 같다.

주제: 듣다

〈알레르기〉

가족센터에서
어떤 간식을 밀었다.

하나는 가짜 초코여서
알레르기가 있어서다.

다른 한 개는
음료수

가공식품이어서
안 먹었다.

주제: 밀다

〈선물〉

신지우가 시우한테
생일선물을 줬다.

지우가 나빴다.

마음속으로
(이 바보 선물!)
이라고 했다.

주제: 주다

〈카톡〉

나는 기수를
계속 씹었다.

상현이가 말했는데
상현이 누나도
씹었다고 했다.
카톡으로

나는 몰랐는데
기수가 알려주었다.

사람을 씹는 건
무시하는 거다.

주제: 씹다

〈원피스〉

루피 만화를 봤다.
그때 루피가 죽었다.

그런데!

루피가 각성했다.

루피가 각성할 때
미친 듯이 웃었다.

어저께
루피가 각성 하는 걸
그렸다.

어려웠다.

주제: 웃다

〈모래, 파도〉

파도 쪽으로 가서
흙을 팠는데
물 때문에 못 했다.

자리를 옮겼는데
안 돼서 다시 옮겼다.

물을 퍼와야 됐다.

주제: 파다

〈노래〉

차에서 자려고 했는데
노래 때문에 못 잤다.

엄마! 소리 좀 낮춰!

엄마가 낮췄다.

그래도 들렸다.

엄마가
왜 낮춰?

내가
들려서! 꺼!

엄마가 껐다.

주제: 자다

〈돈〉

오늘 도훈이가
100원이 있다며
주웠다.

운이 좋았던 것 같다.
도훈이가 부럽다.

내가 도훈이보다 먼저
돈을 쿡 밟았다고 했다.

나는 몰랐던 것 같다.

내가 운이
없었던 것 같다.

주제: 찾다

〈서랍〉

승우는 양말, 물건,
그리고 개구리를
서랍에 넣어서
개구리가 죽었다.

승우 서랍에
책이 엄청 많다.

승우는 아무래도
4차원 사물함을
갖고 있다.

나는 사물함에 물건이
조금밖에 없는데…

주제: 모으다

〈로봇〉

로봇을 만들어서
엄마에게 보여줬다.

엄마가 잘 만들었다고
사진을 찍었다.

너~무 좋았다.

맨날 만들면 찍었다.

주제: 만들다

〈칠판〉

사천초등학교
어린이집을 다닐 때
말을 안 들으면

사람을
칠판에 그려서
묶는다.

나는 다섯 번 그랬다.

헐~

주제: 묶다

〈닭강정〉

친구들은
중간놀이 시간에
자전거를 탄다.

어이가 없다.

중간놀이는
놀아야 하는데
자전거 타기는
노는 게 아닌 것 같다.

기수는
자전거를 타라고 한다.

친구들은
자전거를 많이 탄다.

나는 안 탄다고 말한다.

친구들은
닭강정을 먹고 싶은 것 같다.

주제: 놀다

〈입〉

언제는 입맛이 없어서
입에 조금 밥을 넣고

언제는 입맛이 좋아서
너무 많이 넣었다.

숟가락에 많이 담아서
입에 넣어 먹었다.

입이 터질 것 같았다.

주제: 담다

〈5분 벌〉

지산이가
엄마 옷을 찢었다.

지산이가
엄마 말을 안 듣고
엄마 옷을
이빨로 찢었다.

나는 놀랐다.

지산이가
5분 동안 벌을 섰다.

지산이가
엉엉 울었다.

엄마는 화가 났다.

주제: 찢다

〈옷, 자전거〉

내 자전거를 탔다.
내 자전거는 검다.
옷도 검었다.

바지는 회색이었다.

옷이랑 자전거랑
색이 검정으로
같았다.

주제: 검다

〈4번째〉

우리 반
키 큰 순서가
제이, 상현, 지우,
나, 도훈, 승우, 하라,
현태, 아현이로 된다.

기수가 제일 크다.

주제: 크다

〈하마〉

나는 물 먹는 하마다.
그래서 물통이 길면 좋겠다.

넓으면 물이 납작해져서
물이 별로 없을 것 같다.

물통이 길어도
10초만에
물을 모두
먹을 수 있을 것 같다.

주제: 길다

〈손톱〉

상현, 하라, 지우, 아현이는
다~ 손톱이 똑같다.

짧다.

다른 애들은
손톱이 중간이다.

나는 손톱이
맛없다고 말했다.

친구들이
"무슨 소리! 손톱이 얼마나 맛있는데!"
라고 말했다.

친구들이
손톱 약을 발랐다고 했다.

불쌍하다.

나는 안 해도 되는데.

주제: 같다

〈잠바〉

날씨가 흐릴 줄 알았는데
엄~청 맑았다.

두꺼운 잠바를 입었는데
너무 더웠다.

가져갈 때
너무 힘들었다.

주제: 맑다

〈전, 안, 아〉

전기를 안 쓰고
아이스크림 만들기를 했다.

얼음에 소금을 넣어서
만들었다.

아이스크림을 먹었는데
달지 않고 짰다.

"너무 짜!"
라고 말했다.

주제: 달다

〈어김〉

내 바지는
반바지다.

엄마는 나한테
긴바지를 입으라고 했는데
나는 반바지를 입는다.

엄마
야, 반바지 입지마!

나
11월 마지막 날에는
긴바지 입을거야!

엄마
어, 그래

주제: 춥다

〈기수 바보〉

오늘 기수를 뚜까팼다.

왜냐하면 어제 글쓰기에
오늘 뚜까팬다고 썼다.

작전은 현태랑 상현이가
기수를 어질어질하게 한 다음
승우랑 내가 찌부한 다음
지우랑 아현이가 꼬집는다.

기수가 글쓰기를 시켜가지고
늦게 뚜가패게 됐다.

주제: 늦다

2. 글똥누기를 모아모아 책을 만들다.

〈떡 돌리기〉

  떡 돌리기를 가다가 할아버지가 두유를 줬다. 승우가 모래를 싫어해서 우리가 치우다가 아현이 장화가 빠졌다. 승우가 가져왔다. 훌륭했다.

주제: 새 학기 떡 돌리기

〈가위바위보〉

 나는 이게 양보다. 자기가 안 하고 싶어도 주는 게 양보다. 지산이에게는 양보를 하는데 친구들은 안 된다. 왜냐하면 지산이는 3살 어리고 친구들은 나이가 똑같기 때문이다. 언제 지산이한테 이불을 양보했다. 친구한테는 연필, 지우개를 빌려줬다. 학용품은 물건이고 마음은 양보 못 한다. 나는 월화수목금은 번호 순서대로, 그다음 월화수목금은 가위바위보로 하고 싶다.

주제: 양보란 무엇일까?

〈급식〉

  나 때는 말이야~ 2그릇이 그냥 먹는 거였어. 지금은 3그릇이지만~~ 승우는 1분에 한 그릇이었어. 여자애들은 1그릇이 30분이었어. 제이는 1시간이었어~ 우리 반은 배고픈 1학년이었어~

주제: 1학년 때 우리반은?

〈더러워〉

 더러운 반, 왜 더럽냐면 맨날 더러운 게 가득해서다. 급식 먹을 때도 얘기한다. 깨끗한 2학년이 되면 좋겠다.

주제: 2학년 때 우리반은?

〈도롱뇽 알〉

 산책을 갔다. 도롱뇽 알을 봤다. 알이 있는 곳을 만졌다. 나는 대나무로 만졌다. 상현이가 논에 빠졌다. 도훈이도 빠졌다. 너무 웃겼다. 상현이가 팬티, 속옷, 내복을 보여줬다. 더러웠다. 물귀신~

주제: 산책

〈요리 동아리〉

 동아리를 정했다. 너무 너무 불편했다. 기다려서 힘들었다. 겨우 겨우 정했다. 요리, 체육 동아리로 정했다. 힘들어도 재밌었다.

주제: 동아리 시작

〈뱀〉

 어제 비밀기지를 다 만들었다. 오늘은 상현이가 불고기랑 낚시대를 가져와서 놀려고 했는데 교장 샘이 안 된다고 해서 못 했다. 위험해서 그런 것 같다. 눈이 많이 와서 그런 것 같다. 모여서 놀자. 논 땅에서만 놀자. 들어가려면 큰 장화를 신고 오자. 뱀이 들어오면 위험하니까.

주제: 비밀기지

〈승우와 채소〉

 내가 샌드위치를 가져왔다. 안에는 감자, 소시지, 모닝빵, 오이, 옥수수가 들어갔다. 맛은 거의 감자 맛이다. 기수 샘은 약을 올리면서 먹었다. 옥수수, 오이 식감이 조금 있다. 친구들이 좋아했다. 승우 빼고.

주제: 지한이의 감자 샌드위치

〈개구리와 도롱뇽〉

 안은영 작가님이 오셨다. 부끄러워서 의자에서 몰래 지켜보다가 내려가서 안은영 작가님을 봤다. (사진이랑 달라!) 수업을 들었다. 책을 만든다고 해서 만들었다. 선물을 주고 받았다. 안은영 작가님이 갔다. 친구들은 다음에 다시 오라고 했다. 다시 오면 좋겠다.

주제: 안은영 작가와의 만남

〈고양이〉

 체험학습을 갔다. 서점에서 양서류 체험백과를 사고 기수가 없어서 기수를 찾았다. "기수 죽을래! 기수 나한테 맞을래!"라고 말했다. 파충류 카페에서 도마뱀이랑 뱀을 만져봤다. 고양이를 만졌다. 너무 귀여웠다. 너무 부드럽다. 기수가 주스를 사 줘서 고맙다.

주제: 파충류 카페

〈거짓말〉

  벽화를 그렸다. 나는 기수 죽은 거랑 내 이름이랑 도롱뇽 알을 그렸는데 기수 죽은 건 그림 선생님이 안 된다고 해서 실망했다. 재밌게 했는데! 그리고 나서 친구들이 나무 싸움을 했는데 나는 안 했다. 그런데 기수가 나무 싸움을 걸어서 기수를 때렸다.

주제: 벽화 그리기

〈가난〉

 내 생각에 가난은 집이 없고 옷도 없고 돌도 없고 질병이 많이 생기고 음식이 한 개도 없고 시냇물을 먹고 판자가 다섯 개 있는 거다. TV에서 봤다.

주제: 가난이란 무엇일까?

〈부채〉

 단오장을 갔다. 어제 그저께 아빠, 엄마한테 단오장을 간다고 자랑했는데 그렇게 재미있지 않았다. 왜냐면 두 개만 재밌었다. 재밌는건 부채 만들기랑 공연밖에 없었다. 현태, 나, 제이는 부채를 만들고 승우는 창포 물에 머리 감기를 했다. 승우가 안 한 것 같았다. 남은 친구들은 다 뱃지를 만들었다.

주제: 단오장

〈놀고 싶다〉

  나는 학교에서가 제일 기억에 남는다. 왜냐하면 기수가 방학 숙제를 많이 내줄 것 같아서 그게 제일 생각나기 때문이다. 왜냐면 방학숙제 말고 놀고 싶으니까. 기수가 〈아홉 살 인생〉을 나눠줄 때 싫었다. 안 읽고 싶었다. 읽고 있을 때는 쬐끔 재밌고 다 읽고는 개운했다.

주제: <아홉 살 인생> 끝

〈더러움〉

 학교에서 〈아홉 살 인생〉 영화를 봤다. 책에 있는 내용도 있고 없는 내용도 있었다. 영화에서 토굴 할매가 안 나왔다. 볼 때 재밌었는데 물을 먹으러 갈 때 눈물을 닦았다. 나는 왜 눈물이 났는지는 모르겠다. 안 무서웠는데 나도 모르게 눈물이 났다. 여민이랑 우림이가 뽀뽀를 할 때 완전 쬐끔 슬펐다.

주제: 영화 <아홉 살 인생>

〈음파〉

　생존수영을 갔다. 스쿨 버스를 타고 갔다. 도착해서 벌거벗고 옷을 옷장에 넣고 수영복을 입고 물에 들어갔다. 음~파를 하고 수영하고 자유시간을 가졌다. 수영이 힘들었다. 자유시간은 재밌었다. 음~파는 쉬웠다. 자유시간에 수영 선생님이랑 장~풍을 하고 잠수도 했다. 선생님만 공격했다. 재밌었다. 선생님도 재밌었을 것 같다.

주제: 생존수영

〈여름방학〉

 나는 바닷가를 가고 또 가고 또 가고 또 가고 또 가고 계속 갔다. 그래서 또 타고 또 타고 또 타고 또 타고 계속 타서 엄~~~청 탔다. 신기한 게 있다. 타기 전에는 빨갛게 된다. 그런데 나는 계속 타가지고 엄청 빨갛게 됐다.

 변산초등학교에 갔다. 그쪽에서의 산살림, 들살림, 갯살림, 대동놀이가 생각난다. 제일 재밌는 건 갯살림, 대동놀이였다. 잘 때 이야기를 읽었다. 동영상에 있는 팔찌는 내가 변산에서 만든 팔찌다.

주제: 여름방학의 일

〈시험 싫어〉

 맨 처음 시험을 볼 때 엄~청 보기 싫었는데 해보니까 쪼끔 재밌었다. 할 때는 어려운데 마지막 문제는 조금 쉬웠다. 오늘 또 시험지를 내주었다. 또 내줄 때 마음 속으로 아아악 했다. 지난번에 하고 다음 날에는 안 하겠지 했는데 오늘 또 했다. 오늘 시험에서 어제 풀은 게 나왔다. 그래서 쉽게 풀었다. 기수! 시험 소식도 안 알려주고... 내일 또 시험을 볼 것 같다. 제~에~발!!!!!! 시험 안 봐라!!! 시험은 힘드니까!

주제: 갑자기 시험

〈영화 촬영 하루 전〉

　기분이 너무 두근두근한다. 내가 아파가지고 내일 기침을 하면 끝장난다. 빨리 나아야 한다. 책 보는 연기를 한다고 했는데 종이접기를 해야겠다. 도훈, 현태, 지우, 제이, 승우는 토요일하고 일요일에 오고 지한(나), 아현, 하라는 토요일만 한다. 태웅이를 만나면 … 소연이도 … 하하하.

　엄마가 나한테 기분 좋냐고 물어봤다. 내일 잘 해야지!!! 파이팅!!! 이제그반!!!

주제: <굴러가는 태웅이> 촬영 하루 전

〈영화 촬영〉

 굴러가는 태웅이 영화 촬영을 했다. 태웅이가 아니라 서후였다. 기수가 종이접기가 쌓이면 안 된다고 말했다. 책상을 밀고 이야기하는 모습을 촬영할 때 현태는 상현이한테 싸대기를 날리고 나는 상현이한테 발냄새를 풍겼다. 너무 키득키득 해가지고 계속 앤쥐, 앤쥐, 앤쥐였다.

 햄버거를 먹었다. 나는 콜라를 먹으면 안 돼서 감자 튀김, 햄버거만 먹었다. 햄버거를 먹고 나서 피구를 했다. 강당에서 우리가 콘을 놓고 피구를 했다. 나는 견문색 패기를 써가지고 놀았다. 피구를 하고 교실로 와서 또 영화 촬영을 했다. 소연이랑 태웅이는 불쌍하다. 왜냐하면 우리가 피구를 할 때도 소연이랑 태웅이는 영화 촬영을 했다.

 2일차에도 오는 애들은 좋겠다. 2일차에도 해서 좋겠다. 덥지만 영화에 오래 나올 수 있으니까 좋겠다.

주제: <굴러가는 태웅이> 촬영

〈인터뷰〉

  팀으로 영상을 찍어야 했다. 아현, 승우, 나로 인터뷰를 해야 됐다. 내가 승우를 찍을 때 슬로우를 눌러버려서 밥 먹고 다시 찍었다. 내가 "기수야 1시에 모여?" 기수가 "어" 내가 "1시까지 먹을 수 있을까?" 밥을 먹었다. 12시 52분쯤 됐다. 빨리 먹은 것 같기도 하고 아닌 것 같기도 했다. 영상을 편집했다. 다행히 빨리 했다.

주제: 첫 영상수업

〈단 송편〉

 송편을 빚었다. 만드는 방법은 1학년이 다 준비해 왔다. 그걸 보고 만들었다. 반죽을 할 때 밀가루를 순서대로 주물렀다. 반죽을 했다. 도훈이는 엄청 크게 빚었다. 그것도 두 개나. 밤 송편을 할 때 도훈이랑 나랑 서서 실험을 했다. 연기가 도훈이한테 갔다. 비를 맞고 노인회관에 가서 떡을 주고 텔레비전만 봤다. 기수가 나를 발로 차가지고 할머니, 할아버지를 봤다. 학교에 와서 송편을 먹었는데 차가웠다. 두 개만 먹었다. 꿀 송편만 먹었다. 달고 맛있었다. 지한이의 송편 구분 꿀팁! 꿀은 납작하고 밤은 동글동글하다.

주제: 송편 빚기

〈영상〉

 카메라로 승우를 찍을 때 너무 흔들렸다. 잘릴 때가 많았다. 내 인터뷰는 아현이가 찍어주었다. 흔들릴 때가 조금밖에 없었다. 나는 마지막에 소연아, 태웅아 힘내라고 적었다. 승우는 두 글자 힘내라고 했다. 아현이는 모른다. 내가 나온 영상을 볼 때 귀를 막았다. 부끄러우니까.

주제: 내가 찍은 영상 보기

〈놀이〉

 추석에 제일 싫었던 건 더운 거였다. 그래서 계속 할머니 집에 있고 싶었다. 그런데 엄마가 나가자고 했다. 10분만 나간다고 했는데 2시간 10분이었다. 인도 커리를 먹었다. 어떤 건 맵고 어떤 건 달았다. 그리고 서비스로 꿀, 난을 줬다. 달았다. 오길 잘했다고 생각했다. 다시 할머니 집에 와서 윷놀이를 한다고 했다. 돈을 걸고 한다고 해서 안 했다. 다음 날 저녁 윷놀이는 아이스크림 걸기를 했다.

주제: 추석

〈지우랑 승우?〉

　오골계가 사라졌다고 기수가 말했다. 오골계를 못 찾았다. 우리 오골계! 닭들이 운다. 닭이 오늘따라 많이 운다. 나는 닭이 이렇게 하는 것 같다. 어딨어!

주제: 사라진 오골계

〈감호〉

 하라네 공방? 카페? 도서관?을 갔다. 버스를 타고 공방에 갔다. 달력이랑 스티커를 받았다. 지민이랑 유준이가 칼싸움을 했다. 3층에서 아이스티를 받았다. 글쓰기도 했다. 전시회에서 타이머 폭탄을 봤다. 재활용품으로 만들었다니! 갖고 싶었던 것도 있었다. 서핑보드 작은 걸 갖고 싶었다.

주제: <모두의 한 걸음> 전시회

〈큰 기계〉

 100명의 사람과 벼를 베는 큰 기계가 똑같다. 저 톱니가 다리고, 기계의 중간이 팔이고, 조종석이 얼굴 같다. 내가 기계였으면 엄~청 잘 했을텐데. 먹고 뱉고 엄~청 쉽겠다. 쌀을 까는 기계도 있겠지? 벼, 쌀, 보리 맛있겠다.

주제: 벼 베기

〈나, 돼지〉

　도서관에서 운산백을 했다. 하라가 몽실이를 좋아해서 13에서 몽실이를 두 마리 그렸다. 원래 고양이인데... 하라가 그림, 글을 너~~무 잘 써서 부탁했다. 나는 하라를 도와주고 도훈이, 은원이는 14를 만들었다. 은원이가 말을 안 들어서 힘들고 소리 좀 쳐야겠다. 하라에게 부탁을 많이 해서 하라가 힘들 것 같다. 색칠은 내가 했다. 색칠을 하는데 햄 냄새가 났다. 맛있겠다. 4교시 끝나고 밥을 먹었다. 소시지 빵이 나왔다. 역시! 나는 돼지다.

주제: 운산100 시작

〈39m 운동장〉

  운동장을 3, 4교시에 재기로 하지 않았는데 기수가 재라고 했다. 맨 처음에는 승우, 아현, 지한(나)의 키와 물건을 쟀다. 쉬웠는데 운동장 길이를 재는 건 너~무 힘들었다. 전체 길이는 39m였다. 나는 이걸 어떻게 알아!라고 생각했다. 우리가 쟀을 때는 471cm x 10 = ??? 였다. 기수는 목요일 방과후가 끝나고 쟀다고 했다. 헐! 그걸 쟀다니! 너무 놀라웠다. 우리는 2시간 10분 동안 했다. 기수는 15분 정도 했을 것 같다.

주제: 운동장 길이 재기

〈우리반〉

　기수는 엄청 나쁘고 이상하고 나쁘다. 그런데 1999년 아홉 살 기수를 봤다. 너무 귀여워서 2024년 기수와 차원이 달랐다. 피아노 치는 걸 그만두길 잘했다. 왜냐하면 기수가 2학년 때 피아노를 치는 사진을 봤기 때문이다. 기수가 어렸을 때 우리 반에 있었으면 엄청 좋았겠다.

주제: 아홉 살 기수

〈맛있는 배〉

 아침에 엄마에게 "엄마~ 엄마!" 엄마가 "어! 응? 진짜, 응! 가!" 라고 말하고 학교에 왔다. 복사꽃 마을에 40분이나 갔다. 맨 처음 현태랑 앉았다. 엄마 차가 보였다. "엄마 차!" 하면서 달려갔다. 벼 베기를 하고 벼를 털어보고 까기도 했다. 복숭아가 원래 있어야 하는데 10분 걸어서 배를 따러 갔다. 배를 딸 때 비법은 배를 위로 올려서 따는 거라고 했다. 그렇게 해서 땄다. 손이 안 닿는 건 안 땄다. 밑에 있는 걸 땄다. 배를 깎아서 먹었다. 먹었는데 너~무 맛있었다.

주제: 복사꽃 마을

〈처음 자전거〉

  나는 자전거를 못 탄다. 그래서 상현, 지우한테 알려달라고 했다. 상현이는 잘 알려주고 지우는 잘 못 알려주었다. 차별이 아니다, 진짜다. 중심 잡기를 했는데 계속 흔들렸다. 기수가 잡아주어서 탔다. 그 다음에 혼자 탔는데 못 탔다. 너무 힘들고 지치고 땀도 났다. 그치만 엄청 쬐끔 재밌었다.

주제: 자전거 타기(1)

〈좋은 우리나라〉

　나는 우리나라가 엄청 좋은 나라가 되면 좋겠다. 왜냐하면 지금은 보통이기 때문이다. 진짜 좋은 나라가 되면 좋겠다. 담배를 안 피고 공사도 안 하는 좋은 나라면 좋겠다. 담배랑 공사는 매연이 많이 나오니까다.

주제: 나는 우리나라가

〈좋아 자전거〉

 아현이가 자전거를 알려준다고 했다. 자전거 타는 법을 들어서 해 봤는데 성!!!공했다. 나는 너~무 좋고 기뻤다. 자전거를 타면서 와! 10초! 11초! 하면서 소리쳤다. 또 된다! 된다!고 말했다. 운동장 한 바퀴를 도는 데 성공했다. 너무 좋았다. 엄마한테 말해야지! ㅋㅋㅋㅋ

주제: 자전거 타기(2)

〈바다〉

  어제 기수랑 버스를 타고 해양과학관에 갔다. 너무 싫었다. 하라가 준 아이셔를 먹었다. 신 표정을 기수가 찍었다. 웃겼나 보다. ㅎㅎ 울진 해양과학관에 가서 신기한 걸 보고 재밌는 걸 보고 게임을 했다. 나는 우동을 먹었다. 우동... 쪼끔 맛있었다. 마지막에 건배를 했다. 해양과학관 밑에서 물고기 떼와 삼치를 봤다. 신기하고 짜릿했다.

주제: 울진 해양과학관

〈자전거〉

 에듀버스를 타고 학교에 왔는데 덤프트럭, 포클레인이 와있었다. 아... 자전거를 타려고 했는데 못 타네... 진~짜 타고 싶었다. ㅠㅠ 그저께 성공했는데 ㅠㅠ 다시 타고 싶다.

주제: 자전거 타기(3)

〈4과〉

4과를 4먹었지
맛있었지
힘2 많2 생겼지
마구 힘2 생겨서
지산2를 들었지

엄마도 1어나
들 수 있겠다

주제: 1부터 5

⟨99단⟩

기수가 있는 반은
7판이 더럽다.

왜냐하면 글쓰기를
많이 하기 때문

글쓰기 말고
99단을 하고 10다.

주제: 6부터 10

〈매점〉

 내일 강원FC 대 김천상무 대결이라고 한다. 엄마한테 용돈을 달라고 해야겠다. 간식을 사 먹을 수 있으니까. 강원FC 축구 경기를 컴퓨터로 봤다. 축구 선수를 제일 보고 싶다. 누가 잘 하나 보고 싶다. 기대가 크다. 매점이 네 개밖에 없다. ㅠㅠ 매점이 10개 정도 있으면 좋겠다.

주제: 축구 보기 하루 전

〈재밌는 축구〉

 축구를 봤다. 엄마, 지산이는 한 번도 못 봤다고 했다. 아빠는 모르겠다. 엄마는 44 아니면 43살인데 한 번도 못 봤다. 신기하다. 어쨌든 이겼다. 매점을 안 갔다. 비싼 것 같았다. 친구들은 샀다. 먹고 싶었나 보다. 파도타기를 할 때 너무 긴장됐다. 골 넣을 때는 만세를 불렀다. 경기가 끝났을 때는 이겨서 좋았다. 1 대 0이었다. 너~무 좋았다. 지산이한테 자랑해야겠다.

주제: 축구 본 날

〈힘들어!〉

　청소와 대청소를 했다. 나는 장갑을 끼고 비닐을 잡았다. "냄새가 너~무 많아!"라고 말했다. 진짜로 냄새가 많이 났다. 진짜 지옥이었다. '내 영혼 날아가~ 어떡해!'라고 말하고 싶었다. 많이 힘들었다.

주제: 쓰레기 대청소

〈기수 이상해〉

 기수가 TV에 나왔다. "웩!" 이상하다. 촬영을 할 때 나는 점프를 하면서 사진을 찍었다. 그 사진은 안 나온 것 같다. 신기하다. 기수가 ㅎㅎㅎㅎ 웃는 게 이상하다. 우리한테는 안 웃는데 TV에서는 많이 웃었다. 신기하다.

주제: 학끼오TV

〈작별하지 않는다〉

  누구랑 누구랑 누구랑 작별하지 않는다. 여기서 누구는 빙하랑 바다랑 모래사장이다. 표지에 바다, 모래사장, 빙하가 있다. 서로 붙어 있는 게 너무 좋고 친해서 작별하지 않는다는 것 같다.

〈여수의 사랑〉

  누군가 혼자 남아있는 제목이다. 그 사람이 여수를 좋아하게 될 것 같다.

주제: 한강 작가 책 두 권을 골라 내용 상상하기

〈부러워 현태〉

그저께 경포마라톤을 했다. 상현이는 늦게 출발했는데 빨리 도착했다. 강의주 쌤이랑 하음이 형이랑 같이 갔다. 하음이 형아가 강의주 쌤 옷을 잡고 "나 버리지 마세요!"라고 했다. 어이가 없었다. 이상하기도 했다. 나는 전력질주를 해서 지나갔다. 웃겼다. 상현이는 나보다 빨리 갔다. 어이가 없었다. 현태가 서우 형이랑 똑같이 갔다. 1등을 했다. 부러웠다.

주제: 운산 마라톤

〈친구〉

 스쿨버스에서 하라가 낸 문제를 맞혔다. 하라는 몽실이, 그린이 이런 걸 말했다. 아이가 없었다. 하라는 몽실이랑 결혼을 해도 좋겠다. ㅋㅋ 밥 먹고 친구들은 피구를 했다. 나는 안 했다. 기수가 들어와서 교실에 누웠다. 나는 제이랑 기수를 밟으려고 했다. 기수가 벌떡 일어났다. 친구는 재밌고 웃기고 슬플 때도 있다. 재밌는 건 웃어주고 웃기면 놀아주고 슬프면 달래주는 거다.

주제: 친구란 무엇일까?

〈할아버지〉

 할아버지가 짚신 만드는걸 보았다. 94세 할아버지는 엄청 바르셨다. 손이 커서 돌리기 쉬워서 짚신 한 개를 다 하셨다. 부럽다. 나도 두 짝을 만들어야지. 할아버지가 만든 짚신을 신어봤다. 느낌은 신발인데 슬리퍼다. 할아버지가 있을 때 인사를 했다. 내 이름을 잘 못 들으신 것 같다.

주제: 짚신 만들기

〈기수가 사라진다〉

 사흘 뒤 기수가 없다. "나이스!" 2주 후에 온다. "힝" 너무 안 좋다. 그 대신 새로운 선생님이 온다. 너무 좋다. 글쓰기를 할 수도 있다. ㅠㅠ 나는 강삼영 선생님이 좋을 것 같다. 강삼영 선생님이 글쓰기는 하겠지만 착할 것 같다.

주제: 기수가 사라진다

〈알려주기〉

 3, 4교시 때 볏짚으로 새끼 꼬기 한 개를 했다. 만들 때 손바닥이 너~무 아팠다. 하는 방법은 손바닥으로 돌린 다음에 주먹을 쥐어서 한 바퀴 돌리는 거다. 나는 그걸 50번씩 한 것 같다. 그래서 손바닥이 아픈 것 같다. ㅠㅠ 그치만 많이 했다. 친구들도 잘 하는 것 같다.

주제: 두 번째 짚신 만들기

〈승우 나빠〉

 할아버지가 마지막으로 왔다. 너무 싫었다. 새끼 꼬기를 했다. 조금 했다. 그치만 두 개를 했다. 정리할 때 승우가 정리를 안 해서 도훈이가 소리쳤다. 나도 그랬다.

주제: 세 번째 짚신 만들기

〈5행시〉

김기수가 이제그반에 안 오면 김
기수 없는 이제그반은 너무 안 좋다. 수다날에는
수다날 같지 않다. 밥이 맛이 없다. 바라던
바가 아니다. 내가 밥을 좋아하는데 밥 맛이 없다. 기수야 와라. 바
보~ 내가 이럴 줄 알았지? 세로로 읽어봐!

주제: 기수 없는 이제그반

〈고마운 영상 선생님〉

 영상수업 마지막 날이다. 영상수업에서 태웅이, 소연이 릴레이 영상을 만들었다. 우리는 슬로우로 촬영해서 다시 했다. 오랫동안 만든 도롱뇽 노래랑 인터뷰를 봤다. 내가 인터뷰 한 걸 보는게 부끄러웠다. 영상에서 내가 만든 캐릭터가 커졌다. 그래서 캐릭터가 춤을 그렇게나 못 췄나보다. 그동안 추억이 있었는데 아쉽다. 6학년까지 기수 말고 영상 선생님들이 오면 좋겠다. 제발~ 내년에도 와요! 선생님 고맙습니다.

주제: 마지막 영상수업

〈꿈자람 발표회 리허설〉

 기다리던 꿈자람 발표회 리허설을 했다. 우리는 도롱뇽 연극을 했다. 그다음 승우가 제로투를 췄다. 다시 앵콜, 앵콜이라고 말했다. 그래서 연속 세 번을 했다. 밴드부에서 〈한 페이지가 될 수 있게〉를 했다. 따라 불렀다. 리허설이 끝나고 부스에서 게임을 했다.

주제: 꿈자람 발표회 리허설

〈꿈자람 발표회〉

 엄마, 아빠가 왔다. 지산이도 왔다. 어제 아침 자동차에서 아빠가 "지산이가 어린이집 안 갈 수도 있어"라고 말했다. 나는 "지산이도 와"라고 말했다. 아빠가 "어"라고 말했다. 연극을 할 때 내가 부끄러워서 다리를 삐그덕 삐그덕 했다. 엄마는 몰랐다. 떨린 걸 안 들켜서 다행이다. 도훈이 엄마가 초콜렛을 뿌렸는데 나는 못 받았다. 기수가 마지막에 글쓰기를 한다고 했는데 우리가 내일 글쓰기를 하자고 해서 지금 쓰고 있다.

주제: 꿈자람 발표회

〈헬멧〉

 자전거를 탔다. 도훈이가 헬멧이 없어서 내가 찾아줬다. 자전거 술래잡기를 했다. 기수가 잡혔는데 안 잡혔다고 했다. 위에 올라갔다. 마지막에 기수가 놀리면서 교실로 갔다. 우리는 작전을 짰다. 일단 현태랑 상현이가 스피드로 어리둥절하게 할 때 승우랑 내가 배로 누르고 아현이랑 지우가 꼬집고 하라랑 도훈, 제이가 두들겨 패기로 했다. ㅋ

주제: 자전거 타기(4)

〈이안 작가와의 만남〉

  이안 작가님이 누구인가 했는데 이제 알겠다. 어떻게 생겼는지 알겠다. 이안 작가님 선물을 안 줄줄 알았는데 줬다. 이제 이안 작가님을 알겠다.

주제: 이안 작가와의 만남

〈내 김밥〉

 새벽 5시에 엄마가 우엉, 시금치, 당근, 치즈, 어묵, 햄 이런 걸 넣어서 김밥을 만들었다. 귤도 넣어 가져왔는데 지금 기수가 못 먹게 한다. 이 나쁜 녀석!

주제: 지한이의 김밥

〈스케이트〉

 스케이트를 작년 1학년 때보다 못 탔다. 신발이 쪼여서 발이 많이 아팠다. 타다가 민은경 쌤을 만났다. 세 바퀴 돌았는데 민은경 쌤이 없었다. ㅠㅠ 여섯 바퀴 돌았더니 간식이 있었다. 초코바, 주스가 있어서 먹고 한 바퀴를 더 돌았다. 사실 나는 코코아를 마시러 왔다. 그런데 코코아가 없었다. 흑흑.

주제: 아이스 스케이트

〈얼음 산책〉

 밖에 나가 농구장에 가려고 했는데 안개가 많았다. 안개에게 가 봤는데 땅에 얼음이 있었다. 너무 맛있는 산수유가 얼어있었다. 먹어 봤는데 맛있고 쌉쌀했다. 고드름은 투명하고 아이스크림 맛이었다. 산책을 가다보니 물방개가 있었다. 얼음을 던지고 물방개를 만져보기도 했다. 나는 물방개가 좋다. 내가 태어날 때 엄마가 본 꿈에 민트 물방개가 있었다고 했다.

주제: 얼음 산책

〈구구단 아니면 구구콘〉

99단을 잘해서 99콘을 먹었다.
월요일에 구구콘을 안 먹어서
화요일, 오늘 먹었다.

냠냠, 젤리랑 같이 먹고 싶었는데
기수가 먹지 말라고 했다.

주제: 구구단 아니면 구구콘으로 시 쓰기

〈우리들의 나눔 장터〉

  알뜰장터를 열었다. 화요일에 엄마가 가져가라고 했지만 나는 아무 것도 안 가져왔다. 엄마한테 혼날 것 같아서 500원만 썼다. 상현이와 친구들이 장터를 열었다. 친구들이 아이디어를 내면서 하는데 현태랑 제이가 같이 안 해서 아쉬웠다.

주제: 나눔 장터

〈제목〉

  100중에 25개! 25개의 글쓰기를 했다. 2십5개라니!!! 정말 힘들었다! 이름은 운산 100과사전이다. 책으로 나올 수 있을까? 상현이가 너무 핵꿀잼이어서 기저귀를 가져와야 되는 책이라고 제목을 말했다. 떨어졌지만 재미가 있었다. 내가 낸 우리 학교는 투표를 안 했다.

주제: 마지막 운산100

〈구하라〉

 이 친구는 고양이를 좋아하고 책을 쓰고 있다. 고양이 인형이 다섯 개나 있다. 이름은 땡땡땡이다. 책을 두 권이나 썼다. 고양이 인형을 줘야겠다.

주제: 마니또 뽑기

〈하라, 공부, 그림, 혀〉

 마니또는 하라였습니다! 나는 껌, 사탕, 연필, 연필깎기, 검정 테이프, 사인펜, 노트를 10,000원에 샀다. 와~우~ 껌은 고양이가 있어서 좋아할 것 같아 샀다. 다른 거는 그림 그릴 때 쓰라고 했다. 승우는 나한테 간식을 줬다. 현태네 찐빵을 먹었는데 반만 먹어서 아쉬웠다. 어묵 국물을 마셔서 혀가 데었다. 데었을 때 혀를 만지니까 부드러웠다.

주제: 크리스마스 이브와 마니또 선물

〈초록 고양이〉

 어제부터 바빴다. 왜냐! 위기철 작가님이 오시기 때문이다. 너무 설레서 잠을 못 잤다. 위기철 작가님이 오셔서 출석을 부르고 질문을 했다. 책을 읽을 때는 너무 실감났다. 퀴즈를 맞힐 때 두 번째로 맞혀서 선물을 받았는데 기분이 안 좋았다. 왜냐하면 〈초록 고양이〉가 아니어서다. 〈초록 고양이〉를 아현이가 가져가서 너무 싫었다.

주제: 위기철 작가와의 만남

〈운산동〉

 1시간 동안 자전거 시험 선생님을 기다렸다. 기수는 자전거 시험 선생님이 이제그반 친구들 이름에 있다고 했다. 우리 이름 중에 있는 사람은 한솔 감독님이다. 그런데 진짜 한솔 감독님이었다! 시험을 시작했다. '두구두구 콩닥콩닥'했다. 지그재그부터 했다. 자전거 면허증을 받아서 자전거로 학교에 올 수 있다. 운산동에 살고 싶다.

주제: 자전거 시험

〈10대가 되는 나에게〉

  이제 10살이다. 축하해, 지한아. 수고했어. 지산이는 이제 일곱 살이야.

  아홉 살이었을 때 도롱뇽도 키웠는데... 기수가 글쓰기를 시켰는데 그때마다 너무 안 좋아서 글똥누기를 던졌는데... 이제 안 던지고 바로 하자!

  이제 내일은 2025다! 힘내자!

주제: 이제 열 살, 10대

〈안녕, 이제그반〉

김도훈: 너는 포켓몬이랑 공부는 잘하고 2학기부터 안경을 썼어. 6학년까지 건강하게 지내자~!

송아현: 버스에서 많이 놀았고, 놀이는 모르는데 그래도 재밌게 놀았어. 다음 번에 더 재밌게 지내자~!

신승우: 곤충채집을 좋아하는 승우야~ 다음에는 재미있는 화살 만들기도 하자! 잘 지내~

신지우: 넌 쓸 게 없지만 건강하게 잘 지내~

안제이: 맛있는 젤리, 음료도 가져와서 고마웠어!

조현태: 축구도 좋지만 농구, 피구, 배구, 탁구도 좋아하는데! 축구는 패스하는거야~

함상현: 넌 게임을 좋아해서 나한테 브롤 졸라맨 게임을 시켜줬어. 고마워~!

구하라: 하라야, 너는 몽실이로 도배할게! 너는 몽실이 몽실이라고 해서 별명이 몽실이, 그림도 잘 그리는 몽실이. 잘 지내~

김기수: 기수야! 너 3학년 때는 글쓰기 하지 마! 6학년 때 담임 해~

주제: 안녕, 이제그반

3. 닫는 글

〈글쓰기는 계속된다〉

나의 책이 생기다니!
너무 좋고 행복하다!

글쓰기는 도롱뇽 프로젝트, 자전거 연습, 영화 촬영, 영상 수업 등등이 있습니다. 내 책은 짧은 내용이 많습니다. 그치만 실감날 겁니다. 체험학습에 수영장, 스케이트장 등이 있습니다.

겉표지가 주황색입니다. 왜냐하면 제가 주황색을 2위로 좋아하기 때문입니다.

글쓰기를 할 때는 재미를 느껴야지 쓸 게 많아집니다. 만약 오늘 동생이랑 싸웠다 하면 이야기가 안 돼요. 그래서 쓸 게 많게 재미를 느껴야해요. 저는 글쓰기가 싫지만 100살까지 연필을 잡을 겁니다. 글쓰기는 자기가 스스로 써야 합니다. 글을 읽고 감정이 재밌으면 좋겠습니다.

〈이제그반 아이들에게 보내는 가족들 글 모음〉

· 김도훈 가족

　도훈이의 책이 만들어진 것을 진심으로 축하해! 미리 읽어보면서 도훈이의 학교생활을 엿볼 수 있어서 정말 즐거웠어. 특히 친구들과 있었던 일, 수많은 도전 끝에 성공한 자전거, 다사다난 도롱뇽을 길렀던 일, 두근두근 꿈자람 발표회 등을 읽으면서 도훈이가 얼마나 깊이 생각하고 멋진 성장을 했는지 감동했어. 이렇게 많은 글을 쓰는 게 쉬운 일은 아니었을 텐데 끝까지 해낸 도훈이가 정말 자랑스러워. 앞으로도 더 많은 경험을 하고, 느끼고, 생각한 것들을 글로 남겨봐. 도훈이만의 특별한 이야기, '어이없는 김도훈' 두 번째 이야기를 기다릴게!!

· 김지한 가족

　지한이의 글쓰기 책의 앞 세 장 정도 읽고는 큰 웃음을 터뜨렸다. "온통 밥 얘기잖아!! 하하하하하" 그런데 한편으로 생각해 보니 지한이는 본인이 애정하는 것이 무언지 정확히 알고 그것에 애정을 가득 쏟는다. 만들기든, 먹는 거든, 가족이든, 그 무엇이든. 자신이 좋아하는 걸 제대로 알기란 얼마나 어려우며 그걸 알기 위해 우린 얼마나 많은 시간과 노력을 쏟는지. 아홉 살 인생에 좋아하는 걸 (벌써!) 찾아 마음껏 즐기는 지한이에게 박수를 보낸다.

· 송아현 가족

    어른이라는 안경을 끼고 보면 아이들의 삶은 작아 보인다고 평가하고 판단하게 된다. 어느 한 자리에서 일을 하고 있다는 이유만으로 마치 세상에 기여를 하고 있다고 우쭐하기 때문이다. 그래서 '놀기만' 한다고 생각되는 아이들의 삶을 나도 모르게 가끔은 가벼이 여기기도 했던 것 같다. 사랑하는 딸 아현이가 쓴 글들을 읽은 후 느낀 나의 솔직한 고백은… '딸이 아홉 살의 시간을 찬란하고 아름답게 살아냈구나.' 하는 거였다. 너무나 많은 것들을 경험하고 배웠고 다양한 사람들을 만남으로 사람을 알아갔고 희로애락의 다양한 감정들을 경험했음을 알았다. 주어진 순간을 마음껏 누리며 살고 있었다. 오히려 내가 살았던 일 년의 시간보다 더 풍성하고 노력하며 살아냈음을 깨달았다. 그리고 참 많은 사람들의 사랑과 헌신으로 그 삶들이 만들어지고 있었다. 재미있다고 표현한 이제그반 친구들 속에서 너무 큰 행복을 경험하고 있었고, 선생님들과 학부모들과 교육공동체, 심지어 지역공동체까지 힘을 모아 한 아이의 삶에 물을 주며 가꾸어 주고 있었다. 그렇게 예쁘게 자라고 있는 내 딸과 이제그반 친구들의 삶이 기대되며 응원하게 된다. 딸이 작가가 되었다. 적어낸 글들처럼 마음껏 삶을 즐기고 행복해하며, 많은 사랑들을 먹고 자라며, 지금처럼 웃고 울고 짜증 내기도 하면서 삶을 노래하는 멋진 '작가'로 자라가기를…

· 신승우 가족

승우야! 1년 동안 글쓰기 하느라 힘들었지? 그래도 먼 훗날 너의 아홉 살 인생을 책으로 볼 수 있다고 생각하면 너무 뿌듯할 것 같아! 아빠, 엄마는 승우의 글을 보면서 웃기도 하고 슬프기도 했지만 승우의 마음을 알 수 있어서 너무 좋았어! 앞으로도 그때그때의 마음을 글로 표현해 보았으면 좋겠어! 아홉 살 인생 작가가 된 걸 축하해! ♡

· 신지우 가족

　　지우야! 1년 동안 글쓰기가 많이 힘들었겠지만, 지우의 글을 보며 아빠와 엄마는 지우의 1년을 알 수 있어서 웃음이 나기도 하고 미안하기도 하고 너무 재미있었어! ㅎㅎ 아홉 살 1년 동안 글쓰기가 너의 인생에 두고두고 밑거름이 되었을 거라 생각해. 김기수 선생님께 항상 감사하자! 지우의 아홉 살 인생의 기록! 작가가 된 것을 축하해! ♡

· 안제이 가족

　　〈나는 몰라 안제이〉 글 모음집을 읽고 지난 1년이 눈앞에 만져지듯이 펼쳐졌습니다. 때로는 학교 교실에 앉아 2학년 아이들과 수업을 들었고, 어느새 하교하여 제이와 마주 앉아 시간을 보냈습니다. 지나가며 했던 이야기들, 함께 했던 순간들이 글 속에 녹아들어 그 순간의 감정과 추억을 더 깊이 간직할 수 있게 해준 것 같습니다. 눈 뜨면 출근하고, 집에 오면 밥 먹이고 씻겨서 재우기만 바빴는데, 그

동안 아이는 이렇게 생각했고 자라왔구나 하고 새삼 알게 되었습니다. 미안했던 순간을 담은 이야기에는 눈물을 훔치기도 하고, 아빠가 좋다고 해준 표현에는 저도 모르게 가슴이 뭉클해지기도 했습니다. 그렇게 한 편 한 편의 글을 읽으며 지나간 시간을 다시금 되새겼습니다. 기록하지 않았더라면 스쳐 지나갔을 일들이, 글똥누기가 너무 싫고 그걸 시키는 기수 쌤은 더 싫다던 아이의 불평이, 이렇게 책으로 완성되어 놓쳤던 아이의 마음과 내 지난 모습을 보여줍니다. 그 소중한 순간들이 모여 앞으로의 시간을 더욱 값지게 만들어 줄 것입니다. 마지막으로 한 권만으로도 방대한 분량의 글인데, 반 아이들 9명 모두의 글을 모아 9권의 책으로 엮어주신 기수 쌤께 깊은 감사를 드립니다. 늦은 밤까지 모니터 앞에서 피곤을 달래며 편집해 주셨을 생각에 더욱 감사한 마음이 듭니다. 1년을 함께 지내며 집에서 하도 기수라고 불렀더니 선생님이라는 호칭보다 기수라고 부르는 게 더 익숙해졌습니다. 친근함을 넘어선 그 따뜻한 사랑이 아이들 마음에 오래도록 남을 것입니다.

· 조현태 가족

　잘못될까 봐... 안 좋을까봐... 걱정과 염려를 가지고 아이를 보던 제 마음을 또 반성합니다. 아이 안에 이미 아이의 우주가 있고 보아주고 믿어주기만 하면 아이만의 인생을 그려낼 텐데 이 쉬운 걸 자꾸만 까먹는 게... 저에게는 영 어려운 일입니다. 아이가 자주 글을 쓰고 그 글을 읽을 수 있으면 좋겠습니다. 그래서 까먹을 때마다 다시 기억해 낼 수 있으면 좋겠습니다. 특별한 우리 아이를 있는 그대로 보아주고 함께해 주는 이제그반 친구들과 부모님들, 2024년 행복한 한 해의 기억과 특별한 경험을 선물해 주신 기수 쌤 감사합니다.

· 함상현 가족

사랑하는 우리 아기 상현아. 너의 첫 번째 책의 출판을 진심으로 축하해. 한 줄 한 줄 너의 책을 끝까지 읽는 동안 웃다가 울다가 ㅎㅎ 엄마, 아빠의 얼굴엔 미소가 사라지지 않았어~ 너의 잊지 못할 추억, 행복하고 소중한 2학년 〈기수 쌤과의 이제그반〉의 생활을 엄마, 아빠도 볼 수도, 느낄 수도 있었단다. 건강한 웃음소리가 들렸고 해피 바이러스를 느끼게 해줘서 우리 상현이와 이제그반에게 고맙고 감사해~ 너무너무 축하하고 사랑해, 내 아기♡

· 구하라 가족

하라의 아홉 살 인생을 보며 하루도 빠짐없이 열심히 건강하게 보낸 것 같아 마음 가득 기쁘고 감사합니다! 함께해 준 친구들과 기수 쌤, 채워주신 마을 선생님들 덕분입니다!! 감사합니다! 그 누구보다 강릉을 잘 누리고 있는 하라야! 난 1년 동안 운산초 이제그반에서 많은 도전을 하면서 한 뼘 성장한 모습을 보면서 우리는 늘 감사한 마음이야. 글 쓰는 재미를 발견하고 이제그반을 통해 너의 글이 세상에 나올 수 있게 된 것을 축하해. 지금부터 수없이 써 내려갈 너의 생각과 글과 그림이 누군가를 미소 짓게 하고 누군가를 위로를 하고 누군가를 응원할 수 있으면 좋겠어. 앞으로 딛고 사는 세상의 아름다움과 아픔을 발견하고 네 방식대로 표현하는 삶을 살아가길 우리 모두 응원하고 기도해.

[특별편] 도롱뇽 일기

2024. 3. 14. (목)

〈도롱뇽 알 채집〉

　도롱뇽 알을 발견했다. 물방개? 물장군?도 잡으려고 했다. 물이 깊게 찼다. 나, 도훈, 승우가 갔다. 우유갑에 넣어 잡았다. 너무 질퍽질퍽했다. 송사리도 봤다. 물방개를 잡고 싶었다. 현태가 부럽다. 현태는 잡아서 좋겠다.

〈도롱뇽 1일째〉

　도롱뇽 알아, 많이 많이 자라라. 제발 제발 고리도롱뇽으로 돼라! 제발! 많이 많이 먹고 커라! 예쁘게!

2024. 3. 15. (금)

〈도롱뇽 알〉

　안녕, 도롱뇽알. 안녕, 빠빠이. 또 만나자. 도롱뇽알아, 유유유. 나는 여자 애들과 웃었다가 슬펐다. 열심히 잡았는데 너무 아쉽다.

〈도롱뇽 2일째〉

　도롱뇽아, 많이 컸네? 병아리콩 같아! 귀여워! 하얀 줄이 있어!

2024. 3. 18.(월)

〈도롱뇽 5일째〉

   돌챙이까지 2주 남았네. 언제 이렇게 큰거야~ 날씬해졌다. 배가 유부초밥 같다. 사랑해~

2024. 3. 19. (화)

〈도롱뇽 6일째〉

  길~쭉하게 자랐다. 하얗게 자랐다. 태어날 것 같다. 동그랗게 썩은 것도 있지만.

2024. 3. 20. (수)

〈도롱뇽 7일째〉

　도롱뇽 알에 갈기랑 꼬리가 생겼다. (실제가 아님) 멋진 기수 샘처럼 자라라!

2024. 3. 21. (목)

〈성체 도롱뇽을 잡다〉

　진짜 도롱뇽을 봤다! 찾아서 신기했다. 논에서도 살아남은 도롱뇽은 신기하다. 주름이 났다. 앞에 발가락 4개, 뒤에 발가락이 5개다. 진짜 도롱뇽!

2024. 3. 26. (화)

〈도롱뇽 13일째〉

  진짜 돌챙이야! 얘 이름은 수능이다. 연필로 건드리니 엄청 빠르다. 내가 왜 이 돌챙이를 골랐냐면 내 번호랑 같아서다. 이름이 왜 수능이냐면 물에 있는 멸치 같은데 깃털이 있어서다. 귀엽다. 안 건드리면 안 움직인다.

2024. 3. 27. (수)

〈도롱뇽 14일째〉

  수눙이는 크고 물눙이는 작다. 먹이를 안 줘서 제이가 밥을 가져왔다. 줬다. 돌챙이가 안 먹었다. 배부른 것 같다. 갈기가 휘어졌다. 눈 옆에 줄이 더 잘 보인다. 꼬리에 점이 희미해졌다.

2024. 3. 28. (목)

〈도롱뇽 15일째〉

  돌챙이와 알들아, 지금 나를 보고 화났지? 숟가락, 연필, 노른자 물로 죽여서 미안해. 무덤을 예쁘게 꾸며줄게. 안녕 잘가. 저승으로. 여섯 마리나...

2024. 4. 2.(화)

〈도롱뇽 20일째〉

   도롱뇽 꼬리에 점박이가 많다. 수뇽이가 잘 안 움직인다. 물뇽이가 더 길어졌다. 갈기가 작아지고 많아졌다. 지난 주 금요일에 돌챙이를 놓아줬다. 슬프다. 수뇽아, 물뇽아! 무럭무럭 자라라!

2024. 4. 3.(수)

〈성체 도롱뇽 탈출하다〉

　아침에 학교에 왔다. 도롱뇽이 없었다. 이런 것 같다. 어제 쌤이 퇴근할 때 봤다고 했다. 도롱이가 플라스틱 나무에 있었다고 했다. 아침에 쌤이 도롱뇽이 없다고 해서 뒤적뒤적 했는데 다 없었다. 내가 도롱뇽이라면 '복도에서 돌아다니고 있어. 물이 없지만. 밟혀 죽을 수 있어서 조심해야 돼. 이제 곧 운동장이야. 나는 발걸음이 느려서 15시간 30분 동안 갔거든. 조금만 더 가면 우리 집!'

2024. 4. 5. (금)

〈도롱뇽 23일째〉

  몸은 길쭉하다. 눈이 있다. 머리에 갈기가 4개나 있다. 먹이? 심장? 몸 속에 뭔지 모르겠다. 선이 있다. 내가 많이 자라라고 했다. 그런데 진짜로 우와, 많이 컸네?

2024. 4. 9.(화)

〈도롱뇽 27일째〉

 엄청 길고 엄청 빠르다. 아가미가 더 크다. 가운데 밑에는 빨갛다. 수놈이가 더 날씬하고 더 작다. 물놈이는 반대로 뚱뚱하고 크다.

2024. 4. 12. (금)

〈도롱뇽 30일째〉

　아가미가 밑에랑 위에 있다. 엄청 빠르다. 빨간색 피가 있는 것 같다. 목 밑에 동글한 게 있다. 밑에 다리 같은 게 있다. 사랑해.

〈올챙이 2일째〉

　온몸이 까맣다. 꼬리가 도롱뇽이랑 반대다. 눈이 잘 안 보인다. 다리가 없고 점이 없다. 사랑해.

2024. 4. 15. (월)

〈도롱뇽 33일째〉

　다리가 커지고 갈기가 작아졌다. 뒷다리만 나오면 된다. 언제 돌챙이가 올챙이를 먹었다. 올챙이 또 잘 먹어라. 이번에는 큰 걸 먹을까?

〈올챙이 5일째〉

　뒷다리가 나왔다. 돌챙이와 올챙이를 합치면 완성! 쑥쑥 자라라! 밥 잘 먹어! 너무 궁금하다. 수조 유리를 먹는 것 같다. 뚫고 싶은가 보다.

2024. 4. 22. (월)

〈성체 도롱뇽을 찾다?〉

　이번에 찾은 도롱뇽은 승우네가 잡은 도롱뇽 같다. 점이 여러 개 있다. 빼끔빼끔 한다. 배가 파랗다. 턱이 빨갛다. 위에서는 귀여운데 아래에서는 무섭다.

〈개구리를 잡다〉

　승우가 1마리 나는 16마리 개구리를 잡았다. 청개구리 6마리, 그냥 개구리 11마리다. 신기하다. 눈이 금색이다.

2024. 4. 23. (화)

〈개구리를 풀어주다〉

   개구리를 풀어줄까? 해서 풀어주기로 했다. 친구들이 미워졌다. 놀이터 나무에 앉아서 생각했다. 친구들은 놀고 있었다. 나도 놀고 싶은데 미워서 안 놀았다. 나는 10초 세고 갔다. 개구리를 풀어줄 때는 슬프고 투표할 때는 기대했다. 내 의견이 안 돼서 슬펐다.

2024. 5. 7. (화)

〈도롱뇽 55일째〉

　야생 돌챙이는 발이랑 손이 잘 보이고 그냥 우리가 키운 돌챙이는 잘 안 보인다. 점이 많다. 우리가 키운 돌챙이보다 야생 돌챙이가 더 크다.

〈올챙이 27일째〉

　우리가 물을 안 갈아줘서 올챙이가 죽었다. 우리가 물을 갈아줬다. 기수는 안 했다. 올챙이야 미안해.

2024. 6. 10. (월)

〈도롱뇽 89일째〉

   자연산 돌챙이는 점이 온몸에 있다. 눈이 튀어나왔다. 앞다리는 발가락이 4개, 뒷다리는 발가락이 5개다. 얼굴이 은색이다. 양식 돌챙이는 엄청 크고 다리도 잘 보인다. 꼬리 끝에 조금 잘렸다. 잘 많이 컸네~

2024. 6. 19. (수)

〈도롱뇽 98일째〉

   도롱뇽아 그동안 정말 정말 정말 고마워. 너는 우리가 풀어줄 때 어땠어? 우리는 슬펐어. 나는 울었고. 너는 좋았지? 네가 없으니까 허전해. 다시 키우고 싶어. 다시 잡고 싶어! 너 때문에 기수가 돈 낭비했어. 너의 친구들은 어디에 살아? 보고 싶어! 마지막에 우리한테 왜 왔었어? 우리한테 작별 인사를 했던 거야? 아니면 그냥 온 거야? 우리 학교에 다시 오려고 했던 거야? 아니면 우리 어항이 좋았어?

2024년 운산초등학교
2학년 이제그반 글쓰기 모음집은
모두 총 9권이야.

1. 어이없는 김도훈
2. 만들기를 좋아하는 김지한
3. 좋아하는 게 많은 송아현
4. 꿈이 많은 신승우
5. 많은 걸 좋아하는 신지우
6. 나는 몰라 안제이
7. 빠르다 조현태
8. 미술이 싫은 함상현
9. 몽실이와 구하라

어떤 책을 읽었니?

9권을 모두 읽으면
깜짝 놀랄 일이 벌어질 거야!

> 당신의 바다는
> 삶을 받아쓰는 당신을 응원합니다.

책 제목 만들기를 좋아하는 김지한
2025년 3월 3일 1판 1쇄 펴냄

글쓴이 김지한
엮은이 김기수
펴낸이 김민섭
펴낸곳 당신의바다

출판등록
주소 강원특별자치도 강릉시 강릉대로 217 3층
이메일 xmasnight@daum.net

ISBN 979-11-93847-26-8 03810